ACADÉMIE DES JEUX FLORAUX

ÉLOGE

DE

M. CHARLES DE RÉMUSAT

PRONONCÉ

En séance publique, le 13 mai 1877

Par M. GATIEN-ARNOULT,

Un des quarante Mainteneurs.

TOULOUSE

IMPRIMERIE DOULADOURE

39, Rue Saint-Rome, 39

1878

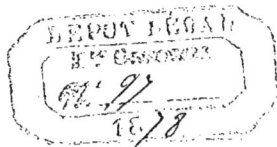

ÉLOGE

DE

M. CHARLES DE RÉMUSAT

MESSIEURS,

Il y a bien des mois, — et pourtant je m'en souviens comme d'hier, — je faisais partie du cortége qui conduisait à son tombeau de famille, dans Paris, la dépouille mortelle de celui qui était et qui est encore notre regretté Charles de Rémusat. Après les délégués des deux Académies, où il avait été leur confrère à l'Institut, et un ancien ministre qu'il avait eu pour collègue dans le gouvernement, j'étais appelé à dire quelques dernières paroles au nom de la ville et du pays de Toulouse, que je représentais.

Voici que, loin de ce temps et de ce lieu, par un de ces enchaînements d'événements qui ont peut-être leur signification, je viens remplir le même rôle, en m'acquittant du même devoir dans des circonstances qui se ressemblent. Aujourd'hui comme alors, des voix, et les mêmes voix d'académicien et d'ancien ministre, ont déjà fait l'éloge de notre cher mort. Leurs discours ont retenti dans toute la France. Vous pouvez même en entendre les échos au moment où je me lève pour recommencer à parler de lui.

Ainsi tout conspire pour que ma tâche, très-difficile par elle-même, le devienne encore davantage. Je ne fais point acte de modestie en disant que j'en ai été effrayé ; je l'aurais même déclinée sans la peine que j'ai ressentie de certaines lacunes dans tous les éloges de notre confrère, et sans mon vif désir d'y suppléer pour l'honneur du pays toulousain. Car, je le dis tout de suite, Charles de Rémusat vous appartient, Messieurs, beaucoup plus qu'on ne le sait et qu'on ne le dit ailleurs. Il conviendrait aussi peu de le laisser ignorer que de voiler dans cette salle des Illustres le buste de l'un de ses aïeux (1).

Puisse cette pensée me soutenir et me concilier votre bienveillance plus grande en méritant votre indulgence, même pour des détails un peu longs. Il y a des hommes qu'on ne loue bien qu'en racontant leur vie.

François-Marie-Charles de RÉMUSAT naquit le 14 mars 1797 à Paris, mais d'une famille dont la

---

(1) Dominique de Bastard, au-dessous du buste duquel on lit cette inscription :

DOMINICUS BASTARD
REGI A SANCTIORIBUS
CONSILIIS, SENATUS TOLOSANI
DECANUS
NECNON SEMISECULO LUMEN
OBIIT ANNO MDCCLXXVII

branche maternelle appartenait aux de Bastard, connus en Languedoc dès le quinzième siècle, s'y établissant au commencement du dix-septième, et depuis cette époque donnant au Parlement une suite d'illustrations héréditaires, seigneurs châtelains de Lafitte-Bigourdane dans la sénéchaussée de Toulouse (1).

Il était le premier enfant d'époux mariés depuis un an, qui trouvaient dans leur caractère et dans leur cœur une consolation des peines et des pertes qui ne leur avaient pas été plus épargnées qu'à d'autres, au milieu des changements politiques et sociaux de ce temps. Son père y avait perdu la charge d'avocat général à la cour des aides en Provence et avec elle une partie de sa fortune et ses légitimes projets de parvenir aux plus hautes dignités de la magistrature parlementaire (2). Sa mère, petite-nièce du comte de Vergennes, l'un des derniers ministres de Louis XVI et petite-fille de François de Bastard, premier président du Parlement de Toulouse et chancelier du comte d'Artois, paraissait condamnée à regretter aussi longtemps qu'elle y penserait les espérances de position brillante dans le monde dont son enfance avait été entourée. Cependant ils n'exerçaient ni l'un ni l'autre leur triste droit des plaintes amères. Bien plus, au sein de leur mutuelle affection et à côté du berceau de leur fils, ils ne se refusaient

(1) Voir la note additionnelle A, à la suite de l'Éloge.

(2) M. de Rémusat était né à Aix, en 1762, d'une famille de magistrats. Il avait épousé en premières noces la fille du procureur général de sa Cour, qui mourut après quelques mois de mariage. Il épousa en 1796 Mlle de Vergennes, qui n'avait alors que 16 ans, et qui mit au monde l'année suivante Charles de Rémusat.

pas la prévision d'un meilleur avenir pour lui et pour eux-mêmes.

En attendant, ils vivaient modestement à la campagne, aux portes de Paris, dans le voisinage et la familiarité de Mme d'Houdetot. Ils rencontraient chez elle quelques-uns des derniers contemporains de Voltaire et de Rousseau, derniers fidèles à la philosophie du dix-huitième siècle et à la République qui allait succomber au 18 brumaire. Leur enfant, qui n'aimait pas plus à rester loin de sa mère que sa mère n'aimait à le quitter, les y voyait aussi ; il pouvait les regarder de près, les entendre et même leur parler sa petite langue en jouant à côté d'eux, à leurs pieds et jusque sur les genoux des plus complaisants. Il m'a paru avoir gardé de cette société pendant toute sa vie un souvenir vif, quoique très-vague et singulièrement mêlé d'impressions contraires d'amitié, de respect, de confiance et d'un certain effroi. Je le signale, parce que ces impressions reçues des personnes n'étaient pas sans harmonie avec celles que les choses lui firent plus tard, quand il les connut.

Au bout de quelque temps, les grands changements survenus dans le gouvernement de la France en amenèrent un non moins grand dans la situation de la famille.

La comtesse de Vergennes, demoiselle de Bastard, qui était la mère de Mme de Rémusat, et la vicomtesse de Beauharnais, qui allait être Mme Bonaparte, toutes deux victimes de la Révolution par la perte de leurs maris morts sur l'échafaud presque à la

même heure (1) s'étaient un jour trouvées rappro-
chées par les événements et presque aussitôt unies
par les liens de la vive sympathie qui existe parfois
entre les personnes du caractère le plus différent.
Quand la fortune commença pour Joséphine la vérité
d'une prophétie légendaire très-douteuse, Mme de
Vergennes pria son amie de penser à son gendre et
de lui faire obtenir, dans le nouvel ordre de choses
qui venait, une position suffisante pour l'indemniser
de ce qu'il avait perdu au renversement de l'ancien
régime qui semblait parti pour toujours (2). La future
impératrice donna plus qu'on ne lui demandait. En
pensant au gendre, elle n'oublia pas la fille; et tandis
qu'elle faisait nommer l'un préfet du palais de Saint-
Cloud, elle s'attachait l'autre à titre de dame d'honneur. On était en 1802.

Environ deux années après, le Consul transformé
en Empereur, voulant que tout ce qui l'entourait
prît aussi une nouvelle forme, changea le préfet de
Saint-Cloud en son premier chambellan aux Tuile-
ries. Plus tard, il lui donna encore un autre titre
avec une dignité renouvelée et l'accroissement d'une
faveur qu'il lui garda jusqu'à son second mariage (3).

A cette époque, plutôt que d'occuper auprès de
Marie-Louise une place d'honneur que tant d'autres
sollicitaient, Mme de Rémusat, fidèle aux amitiés de
sa mère et aux lois de la reconnaissance, voulut

(1) Le vicomte de Beauharnais fut guillotiné le 5 thermidor an II
(23 juillet 1794), et le comte de Vergennes avec le marquis son père
le 6 (24 juillet).

(2) Voir la note additionnelle B.

(3) Dans l'almanach impérial de 1806, M. de Rémusat, premier
chambellan, devient en outre maître de la garde-robe.

suivre, au moins de cœur, Joséphine dans sa retraite, qui valait un exil, à la Malmaison. Il y a des
raisons de penser que l'empereur en sentit quelque
mécontentement dont M. de Rémusat reçut un contre-
coup. On assure et j'aime à croire qu'il l'en-
courut davantage par le peu d'admiration qu'il
montra dès lors pour le système politique d'ambition
et de domination progressive dont ce maître était
enfiévré, et que les courtisans affectaient de considérer comme l'idéal du gouvernement qui convenait
à la France et qui devait assurer un long avenir à la
dynastie napoléonienne. Cependant, excepté la
faveur, rien ne fut changé pour le premier chambellan de l'Empereur, aussi longtemps que dura
l'Empire.

Ainsi le jeune de Rémusat connut, du premier
jour jusqu'au dernier, les splendeurs croissantes de
la nouvelle cour. Il en fut frappé sans en être ébloui,
disait-il plus tard ; et les réflexions qu'il entendait
dans l'intimité de la famille et des amitiés sûres
commençaient bien pour lui l'éducation de la pensée
qui sait se faire libre, indépendante des illusions
et des préjugés dont le vulgaire est le perpétuel
esclave.

En même temps, il suivait les cours du lycée
Napoléon. Après y avoir fait sa rhétorique sous le
savant et habile professeur Victor Leclerc, il y ter-
minait en 1814 sa philosophie sous un maître dont
le nom quelque peu barbare n'était guère connu
que des écoliers de sa classe (1). Mais dans l'amphi-
théâtre de la Faculté des lettres, des maîtres de grand

(1) Le nom du professeur était Fercoc.

renom, Laromiguière, Royer-Collard, prédécesseurs
de Cousin, donnaient de plus hautes leçons. Quelques-unes ne l'étaient pas trop pour le lycéen dont
elles excitaient la curiosité et qui prenait plaisir à
les entendre quand il en obtenait la permission.

C'est peut-être dans les vacances de cette année,
la dernière de ses études classiques, qu'il vint pour
la première fois à Toulouse et à Lafitte. Soit à cette
époque, soit antérieurement, il reçut une très-vive
impression du spectacle nouveau qui s'y déroula
devant ses yeux accoutumés seulement aux vues
de Paris et des environs. Les richesses variées de
cette vaste plaine, si majestueusement bornée par
les montagnes, qui s'élèvent progressivement de
collines en collines jusqu'à ces pics sublimes qui
semblent des piliers portant la voûte du ciel, ému-
rent son imagination en parlant à son esprit et à son
cœur.

On m'a dit que parmi les vers de sa jeunesse, —
il en faisait dès l'âge de treize ans, — quelques-
uns, composés dans ce moment, avaient des prétentions au titre d'odes philosophiques et morales sur le
sentiment de l'infini, sur le ravissement de l'âme
humaine communiant avec l'âme divine qui se révèle
dans la nature et sur le charme des lieux où cette
révélation a le plus de lumière et d'éclat. Si cela
n'est pas, cela devait être. J'aime à me représenter
ce lycéen, rhétoricien-philosophe, exprimant ses
jeunes pensées en de tels chants poétiques, et marquant ainsi le commencement de ses relations per-
sonnelles et directes avec un pays de poésie et de
chant. Il avait alors dix-sept ans, et l'on était,
comme je l'ai dit, en 1814.

1814-1817.

Cette année et la suivante, si pleines de péripéties pour la France, le furent aussi pour le comte de Rémusat. D'abord, la première Restauration le repoussa pour avoir été l'un des grands dignitaires du Consulat et de l'Empire. Ensuite l'empereur l'exila pour avoir blâmé son retour de l'île d'Elbe. Enfin, la seconde Restauration lui fit un mérite d'avoir démérité du maître des Cent-Jours : elle le nomma Préfet à Toulouse.

Quand le comte de Rémusat en reçut la nouvelle, il était encore dans son château de Lafitte, où l'exil ne lui eût pas été bien triste, sans la douleur que lui causaient les malheurs du présent, et sans les craintes que l'avenir lui inspirait. Son fils y était avec lui, partageant ses peines et ses inquiétudes; et, de plus, — ce qu'il importe de remarquer, — méditant sur les moyens de réparer le mal qui était fait, de conjurer les dangers qui menaçaient, et de préparer le bien qu'on pouvait espérer et qu'on devait poursuivre. Permettez-moi de vous le faire entendre lui-même quelques instants. C'est un trait caractéristique qui fait époque dans sa vie.

« Le lendemain de Waterloo, — c'est lui qui
» parle, — agité de toutes les émotions d'un pareil
» moment, faisant effort pour saisir une planche
» dans ce naufrage, pour apercevoir une étoile
» dans cette nuit, pour opposer à tant de calamités
» une dernière espérance, j'ai essayé de résoudre
» la question qui se posait pour ma patrie et écrit
» ma première brochure politique. Le titre était :

» *De l'Intérêt de la France au 20 juin 1815* » (1).

En entendant ces mots, quelques-uns penseront peut-être que, de la part d'un adolescent de 18 ans, il y avait témérité grande à vouloir résoudre une question dont les plus vieilles sagesses politiques du temps étaient embarrassées. Mais les jeunes gens capables d'une telle faute étaient rares alors : ils le sont toujours. Le jeune Rémusat déclarait d'ailleurs avant tout qu'il se reconnaissait bien « léger d'étude et d'expérience » pour traiter de si graves sujets. Il n'y pensait, dit-il, que « pour lui-même; » il n'en écrivait que « pour lui seul (2). » En effet, il a laissé cet opuscule inédit. Il trouverait dans ce fait une excuse, s'il en avait besoin.

Je lui en trouverais encore une meilleure dans le titre même de cette brochure : *De l'Intérêt de la France*, dont on peut dire, en appliquant le mot d'un ancien, qu'il était comme « le son que rend une belle âme. » Plus simplement, c'était l'expression d'une bonne pensée, d'une pensée d'autant plus noble qu'elle était moins commune. Car l'histoire dépose qu'en général, dans ce moment, chacun pensait d'abord à son intérêt personnel, puis à l'intérêt de son parti; quant au véritable intérêt de la France, on n'y pensait guère.

Il était donc beau à cet adolescent d'élever assez haut son esprit et son cœur pour sentir vivement et pour voir clairement que, le premier cri de tout Français devant exprimer un vœu pour que la *France vive*, le premier devoir est de travailler pour donner

(1) *Politique libérale ;* préface, page V.
(2) *Politique libérale,* id.

à cette France la vie longue, au sein de la prospérité, sans aucun sacrifice de l'honneur national, mais avec celui des intérêts de personne ou de parti que les circonstances commandent.

Il me semble que tous doivent le louer de l'avoir compris sitôt et de l'avoir dit dans ce qui fut vraiment son premier essai de littérature politique. Il me semble aussi que vous, Messieurs, vous pouvez de plus vous féliciter de ce qu'il l'a compris sous le ciel de Toulouse et au milieu de vous.

Cet essai ne disait pourtant rien sur la solution qu'il convenait de donner alors, dans l'intérêt vrai de la France, aux questions de fait qui étaient, suivant une expression consacrée, à l'ordre du jour. Le jeune publiciste ne s'y arrêtait pas. De la région des faits qui passent s'élevant soudain à celle des idées qui restent, il décidait qu'en tout état de cause « l'intérêt de la France était l'établissement de » la liberté politique par le régime représentatif. » C'était le dogme qui, dès lors, avait la foi de sa jeunesse, à son arrivée dans le monde, comme il le rappelait au moment d'en sortir, soixante ans après, dans son extrême vieillesse.

Ce fut avec les pensées et les dispositions qui sont la conséquence naturelle de cette foi qu'il accompagna son père venant prendre possession de sa préfecture (1).

On avait dit que c'était une place d'honneur et de confiance. On aurait pu ajouter que c'était aussi un

(1) Dans les derniers jours du mois de juillet 1815, quelques semaines seulement après la rentrée de Louis XVIII à Paris, et après le passage du duc d'Angoulême à Toulouse.

poste de difficultés et de dangers. La preuve en fut
bientôt donnée par l'émeute qui eut sa victime san-
glante dans le général commandant la division.
Ramel était pourtant un royaliste de vieille date ,
complice de Pichegru dans la conspiration qui se
proposait de faire remonter Louis XVIII sur le trône
de ses pères, et condamné à la déportation pour le
crime de lèse-majesté républicaine. Mais les partis
qui ont des fureurs de colère contre les choses sont
toujours exposés à avoir des aveuglements d'erreur
sur les personnes. Je répugne à en dire davantage.

Je m'abstiens, par un autre motif, de raconter à
quel point le comte de Rémusat, pendant ces deux
premières années si difficiles de la seconde Restauration, réussit à vaincre, sans les irriter, toutes les
passions de localité, d'époque, de circonstances
forcées et d'accidents capricieux, qui partout s'agi-
taient et criaient. En lui et par lui, l'autorité était
respectable et respectée, parce qu'elle était raisonnable et juste.

A côté de lui, Mᵐᵉ de Rémusat remplissait bien le
rôle spécial de la femme. Elle faisait l'autorité aimable
par sa grâce bienveillante et par la réunion des
qualités dont elle a voulu un jour donner comme
l'art poétique dans un livre que l'Académie française a jugé digne d'un prix. J'ai cependant entendu
dire que son exemple valait encore plus que son
livre (1). Il est de tradition ici que Charles de Ré-

---

(1) *Essai sur l'éducation des femmes*, ouvrage posthume de Mᵐᵉ de
Rémusat, édité en 1824 par son fils , qui en a écrit la préface, et cou-
ronné par l'Académie française.

Mᵐᵉ de Rémusat avait écrit deux romans et des Mémoires sur l'em-

musat se montrait bien leur fils, tenant de l'un et de l'autre. Il reflétait l'amabilité de sa mère dans les salons, où il se faisait déjà remarquer par l'éclat voilé des qualités qui lui ont valu plus tard une brillante réputation dans le monde le plus capable de l'apprécier. A côté de son père, dans le cabinet où il était le secrétaire intime, il témoignait un amour si vif de la sagesse politique et une intelligence, si surprenante à son âge, de ce qu'elle commandait, que plusieurs le jugeaient déjà capable d'en donner des conseils et des leçons.

Entre tous les détails sur sa vie à cette époque, je choisis quelques-uns de ceux qui sont de l'ordre purement intellectuel ou littéraire.

Comme avant d'accompagner son père dans l'exil il avait commencé d'étudier le droit à Paris, où il suivait aussi quelques cours d'autres Facultés, il continua un peu de le faire à Toulouse dans les heures qui lui restaient libres après l'accomplissement de ses travaux quasi-officiels et de ses devoirs de société. Je ne dirai pas qu'en entendant ses nouveaux maîtres, il se croyait encore auprès de ceux de la Sorbonne et de la place du Panthéon ; mais il ne trouvait certainement pas qu'il en fût bien éloigné. Les murs de la vieille école toulousaine avaient d'ailleurs l'avantage de lui rappeler des souvenirs de famille aussi chers qu'honorables. Un frère de son bisaïeul, après s'être distingué parmi les plus illustres avocats au Parlement, avait été,

pire à l'époque où elle était dame d'honneur de l'impératrice Joséphine. Les romans sont restés manuscrits ; les Mémoires ont été jetés au feu par elle-même.

jusque dans une extrême vieillesse, titulaire de la chaire de droit français et plusieurs fois élu recteur de l'Université (1). Un peu plus tard, son oncle y avait été étudiant à peu près au même âge que lui et investi, par un privilége glorieux, de la gratuité, en reconnaissance des mérites de sa famille et des services qu'elle avait rendus depuis longues années à l'Université et à l'Etat (2).

Il trouvait un autre souvenir de famille ici même. Son bisaïeul avait participé à la troisième restauration de nos Jeux Floraux, en obtenant du Parlement l'enregistrement de l'édit du roi qui affermissait, en l'améliorant, notre antique constitution (3). Aussi ne manquait-il jamais d'assister, quand il le pouvait, aux solennités académiques ordinaires et extraordinaires de ce temps (4). Il y prenait un plaisir très-vif quoique, permettez-moi de le dire, c'est de la biographie, ce plaisir ne fût pas sans mélange, quand on y parlait d'autre chose que de la littérature sur un ton trop haut pour ses goûts.

Comment d'ailleurs, avec son amour des choses de l'esprit, aurait-il pu ne pas s'intéresser à des rapports sur des concours dont le sujet était l'éloge des grands hommes tels que Pascal; à des couronnements de jeunes poètes contemporains, tels que Chenedollé et Guiraud, précédant Victor Hugo dans cette même carrière, et à des réceptions de main-

---

(1) Voir la note additionnelle C.
(2) Voir la note additionnelle D.
(3) Voir la note additionnelle E.
(4) En 1815, le 5 septembre, il y eut une séance extraordinaire pour recevoir S. A. R. la duchesse d'Angoulême.

teneurs, tels que Jules de Rességuier, dont la réputation bien méritée d'homme de goût et de talent littéraire était un honneur de sa ville natale, et qui devait bientôt se trouver, dans la capitale, ami de poètes célèbres auxquels il dédiait quelques-uns de ses ouvrages et qui l'appelaient leur frère (1).

Il portait un intérêt analogue aux autres Sociétés savantes, vos sœurs et vos alliées, qui forment avec vous une sorte d'Institut de province en puissance. Il suivait curieusement leurs travaux, surtout ceux de la classe des Inscriptions et Belles-Lettres, parce qu'ils servaient à l'établissement de la galerie-musée des antiques qui commençait à devenir, sous les auspices de son père, l'une des beautés et des gloires archéologiques de la cité palladienne (2).

Il ne restait étranger à aucune des fêtes et démonstrations artistiques dont la population était encore plus avide et plus prodigue alors qu'aujourd'hui.

En un mot, il était vraiment l'un de vos concitoyens. Et c'est ainsi que, dans toute la région, il forma des relations et contracta des amitiés qui, pour n'être pas aussi célèbres que d'autres, ne lui furent pas moins chères, ni surtout moins fidèles.

---

(1) Voir la note additionnelle F.

(2) Dans un rapport présenté à l'Académie des inscriptions et belles-lettres de Paris, au nom de la commission des antiquités de la France, le 14 mai 1819, par M. Petit-Radet, on citait M. de Rémusat comme ayant « préfet, commencé un musée dans son département et choisi » pour inspecteur une personne fort au courant des matières d'érudition » académique. » Nous savons que cet inspecteur était M. Alexandre Dumège.

1817-1830.

Cette vie changea nécessairement quand le comte de Rémusat fut transféré de la préfecture de la Haute-Garonne à celle du Nord (1817). Son fils l'accompagna à Lille; mais il n'y résida guère. Il se mit à vivre à Paris, continuant, achevant son cours de droit et se livrant aux études littéraires, philosophiques et politiques qui étaient dans ses goûts et dans ceux de la jeunesse d'alors.

Personne n'ignore combien tout était en mouvement autour d'elle et combien ce mouvement faisait de perpétuels changements.

Malgré cette instabilité ou plutôt à cause d'elle et par un effet des réflexions qu'elle lui inspirait, les sentiments de Charles de Rémusat prirent d'année en année plus de vivacité, ses idées plus de précision, son caractère plus de fermeté. Cédant au double besoin qui semblait être dans la nature de son esprit, de penser pour lui-même la plume à la main et de persuader aux autres la vérité qu'il croyait avoir pensée (1), il écrivait, il lisait, il publiait un grand nombre d'articles. La liste même très-incomplète en serait encore trop longue ici. Quelques-uns mériteraient pourtant d'être cités comme ayant été remarqués par des hommes éminents qui avaient le plus de droits d'être difficiles.

---

(1) M. de Rémusat établissait même sur ce fait une maxime générale. « On n'écrit pas sans avoir en vue l'opinion publique, et l'on » garderait le silence si l'on ne se proposait de persuader quelque » chose à quelqu'un. » *Politique libérale*, préface, p. VII.

2

Je veux désigner particulièrement Guizot et Royer-
Collard (1).

Au milieu de ces travaux et successivement, deux
grandes douleurs vinrent le frapper. Il perdit d'abord
celle qui, après avoir été la directrice de son enfance, était devenue l'alliée de sa jeunesse, à la
fois sa mère et sa sœur. Il lui fermait les yeux à
Paris en 1820. Deux ans après (1823), il conduisait
encore à Paris le deuil de son père qui avait été
préfet. Les nouveaux ministres du roi ne l'avaient
sans doute pas jugé digne de leur confiance.

Pour ainsi dire au sortir de ces funérailles, il
revint à Toulouse et à Lafitte, où il fit un séjour
prolongé. Peut-être s'y trouvait-il mieux que partout
ailleurs pour se recueillir lui-même et réfléchir plus
profondément sur son plan d'avenir. Je crois qu'il
y prépara aussi l'édition du livre que sa mère avait
laissé manuscrit (2). Il devait se plaire à en écrire
la préface dans les mêmes lieux où il avait reçu la
confidence et peut-être aussi donné l'inspiration de
plusieurs pages. Nous étions en 1824.

Les années suivantes virent deux autres événements très-importants dans sa vie privée. Un
premier mariage (1825) qui fut célébré comme une
fête à Vizille le fit neveu de Casimir Périer ; mais la
mort changea vite cette fête en deuil (1826). Par un
second mariage (1828) avec celle qui a été sa com-

---

(1) En 1818, M. Guizot insérait dans les archives dont il était directeur un article intitulé : *la Révolution française.* C'est à l'occasion
de cet article que Royer-Collard adressa à M. de Rémusat le mot
souvent rappelé : « Jeune homme, je vous ai relu. » Cet article avait
été inspiré par un ouvrage de Mme de Stael qui venait de paraître.

(2) *L'Essai sur l'éducation des femmes.*

pagne jusqu'au dernier jour et qui lui a donné surabondamment le bonheur que l'autre avait semblé lui promettre, il devint le petit-fils de Lafayette. Ainsi, tandis que par ses origines il appartenait à des familles qui avaient quelque nom dans les temps antérieurs, ses alliances le faisaient proche parent de deux hommes dont le nom déjà grand allait encore grandir dans l'histoire du temps qui venait. On approchait de 1830.

Au 26 juillet de cette année, il était rédacteur principal et directeur intérimaire du journal *le Globe*, qu'il avait concouru à fonder.

Cette situation, ses relations et ses alliances l'amenèrent à prendre une part active aux trois journées qui suivirent les dernières ordonnances de Charles X. Ses opinions lui firent une loi et sa conscience un devoir d'embrasser le parti de la résistance qui devint vite une révolte, puis une insurrection contre le coup d'état monarchique. Il n'avait pourtant jamais été animé de sentiments hostiles à l'antique monarchie restaurée; il n'était pas de ceux qui, en déclarant l'accepter, jouaient une comédie dont ils se vantèrent plus tard. Mais il voulait que cette monarchie se montrât vraiment restaurée, c'est-à-dire réformée suivant la Charte interprétée dans un sens libéral, avec l'esprit de 1789, comme Louis XVIII l'avait promis et juré pour lui et pour ses successeurs. En employant un mot que nous avons entendu et que nous entendons revenir souvent, appliqué à d'autres hommes, mais exprimant la même pensée fondamentale, il voulait *la royauté sans les royalistes*, c'est-à-dire sans les royalistes du genre de ceux qu'on appelait les *ultra* et qui se prétendaient les seuls vrais royalistes, les *intransigeants* du parti en ce temps-là. Parce que Charles X se mit avec eux, il arriva qu'en les combattant, on le frappa lui-même dans la mêlée et qu'il en fut mortellement blessé.

Je dois ajouter, pour être exact, que M. de Rémusat fut le premier à jeter le grand cri d'alarme et pour ainsi dire à sonner le tocsin dans son journal, en y dénonçant immédiatement l'acte royal comme un *crime prémédité et consommé*. Le mot est écrit ; l'histoire doit l'enregistrer (1). A ceux de ses amis qui le trouvaient exagéré et téméraire, il répondait que la liberté politique est une chose trop sainte pour qu'on doive ménager ses expressions contre ceux qui la violent, et qu'elle est aussi d'un tel prix qu'il faut bien l'acheter, en risquant au moins quelque chose. Ce quelque chose était la vie (2). On m'a cité de lui cette réponse textuelle : « Quoi ! quand il y va de la liberté de mon pays, vous voulez que je pense à moi ! »

Avec la diversité des opinions politiques, on peut porter sur ces actes un jugement différent ; mais dans l'unité des sentiments généreux, on doit être unanime pour en approuver le motif.

L'homme de 1830 continuait bien le jeune homme

---

(1) « *Le crime est consommé*, les ministres ont conseillé au Roi » des ordonnances de *tyrannie*... Le *Moniteur* que nous publions fera » connaître à la France son malheur et *ses devoirs*. Nous ne céderons » qu'à la *violence*, nous en prenons le solennel engagement. Le même » sentiment animera tous les bons citoyens, etc. » (*Le Globe* du 27 juillet 1830.)

(2) Ce mot est répété avec une variante (*Politique libérale*, p. 195). « Pour parler comme Montesquieu, la liberté est d'un tel prix qu'il » faut bien le payer aux Dieux. »

de 1815; il croyait toujours que « l'intérêt de la
» France était l'établissement de la liberté politique
» par le régime représentatif, » et qu'il faut lui
sacrifier ses intérêts personnels quand les circonstances le commandent.

Au milieu de cette bataille des Trois Jours, et
même après la victoire, les combattants et les
vainqueurs n'étaient pas d'accord sur les résultats à
poursuivre. Les uns auraient voulu garder encore
les Bourbons de la branche aînée : Casimir Périer
était avec eux. Les autres auraient voulu déjà la
République : ils entouraient Lafayette. Un troisième
groupe préférait le duc d'Orléans : ce Bourbon de
la branche cadette, devenant roi par l'élection des
représentants de la nation pour s'asseoir sur un
trône populaire entouré d'institutions républicaines,
leur paraissait une transaction convenable ou une
transition nécessaire. M. de Rémusat l'accepta et
la conseilla. Neveu de Casimir Périer et petit-fils de
Lafayette, il était naturellement placé pour agir
auprès des deux. Il pouvait dire à celui-ci que le
duc d'Orléans était la *meilleure des républiques* ; à
celui-là, qu'il était la *meilleure des royautés*. En le
disant, il était fidèle à son principe. Et c'est par là
que Louis-Philippe fut roi, le 7 août 1830.

Cette date fait époque dans la vie de notre confrère comme dans celle de notre pays. Sa vie relati-
vement petite et obscure jusqu'alors prend de
l'ampleur et de l'éclat : elle se mêle à la grande vie
de la France. De là vient qu'il serait très-difficile
et non moins inutile d'entrer ici dans des détails.
Je demande la permission de me borner à en rap-

peler quelques traits principaux qui en montreront
le caractère général.

1830-1848.

Dès l'année suivante, aux premières élections
législatives du règne (1), M. de Rémusat reçut
de vous l'honneur de la députation, ainsi qu'il
le rappelait avec un vif sentiment de reconnaissance, trente-quatre ans plus tard, en cette
enceinte même et dans une solennité semblable à
celle d'aujourd'hui. Vous vous souvenez sans doute
qu'il ajoutait avec modestie qu'on l'avait ainsi
tiré de la foule en lui ouvrant la carrière publique. Et
il se félicita de ce *lien de plus qui l'avait attaché à sa
chère cité de Toulouse* (2).

Ce lien des électeurs à leur élu dura d'abord aussi
longtemps que la monarchie de Juillet.

Devenu ainsi député perpétuel (3), ayant d'anciennes relations très-hautes et très-étendues,
amené par sa position à en former de nouvelles,
exerçant une remarquable influence par la considé-
ration que lui valaient ses divers mérites, sous-
secrétaire d'Etat au ministère de l'intérieur, ministre
lui-même (4), dans les situations les plus diverses

(1) Elections de juillet 1831.
(2) Remerciement de M. de Rémusat, le jour de sa réception à
l'Académie des Jeux-Floraux, le 28 mai 1865.
(3) Huit élections suivirent celles de 1831 jusqu'en 1848. M. de
Rémusat fut toujours nommé par les électeurs de l'arrondissement de
Muret où se trouve le château de Lafitte
(4) Sous-secrétaire d'Etat au ministère de l'intérieur en 1836,
M. Molé étant président. Ministre de l'intérieur en 1840, M. Thiers
étant président.

d'acteur principal , de conseiller , d'allié , d'oppo-
sant ou de simple spectateur, il ne fut étranger à
aucun des événements de ces dix-huit années.

A ne considérer que le caractère général de cette
période pleine d'ailleurs de complications dans les
incessantes variations des faits particuliers, on la
définit assez bien en disant, par image et comparaison, qu'elle fut une guerre de *deux roses* , la rose
blanche et la rose rouge, alternativement victo-
rieuses et vaincues ; ou encore par l'opposition de
deux mots souvent répétés alors, et sur lesquels on
joue, en disant qu'elle fut la lutte des *royalistes*
parce que et des *royalistes quoique*.

De quelque nom qu'on l'appelle , cette lutte —
personne ne l'ignore — eut sa personnification la
plus constante et la plus expressive en deux
hommes éminents : l'un, qui n'est plus que devant
le grand juge des morts; l'autre , qui entend
encore — et puisse-t-il l'entendre longtemps — ce
que les vivants disent de lui, monsieur Thiers.

Notre confrère fut son allié dans cette lutte.

Une anecdote que je crois inédite, mais qui est
authentique, me semble dessiner leur situation
bien mieux que de nombreux détails; elle me dis-
pensera d'insister. — On discutait devant Louis-
Philippe et avec lui sur la conduite à tenir, et l'on
revenait toujours, directement ou indirectement, à
l'inévitable question: « Le roi doit-il seulement
régner et ne pas gouverner , comme en Angleterre,
ou doit-il régner, gouverner et même administrer,
suivant la vieille tradition française ? » Dans un de
ces mouvements d'impatience vive et pourtant con-
tenue, où le respect finit et où l'irrévérence com-

mence, et où l'avis est près de devenir une menace,
M. Thiers se laissa porter à dire : « Si Votre Majesté
» ne veut pas consentir à passer la Manche, le peuple
» pourra bien se risquer à traverser l'Atlantique. »
Le roi ne dit rien et ne consentit pas. Vous savez
ce qui advint. Mais, je ne dois pas anticiper.

Les paroles de M. de Rémusat étaient moins vives,
ses pressentiments sur l'avenir de la monarchie
constitutionnelle moins tristes; mais ses pensées
étaient du même ordre. Son programme, qu'il
aurait voulu traduire en lois organiques d'une
Charte-Vérité, est contenu dans quelques pages
qu'il pensait alors, quoiqu'il ne les ait écrites que
plus tard. C'est comme une nouvelle édition, con-
sidérablement augmentée, de sa première brochure
politique de 1815. Ses discours à la tribune et dans
les commissions, ses causeries dans les couloirs de
la Chambre et dans les salons politiques défendaient
la même cause du régime représentatif vrai. Il soutenait qu'il était non-seulement possible et utile,
mais opportun et nécessaire, de l'établir, malgré les
obstacles qu'il voyait élevés en deux sens contraires : ici, par les vieilles habitudes, très-humbles,
de tout demander à l'autorité; là, par les nouvelles
prétentions, très-vaniteuses, de n'en rien recevoir.
Il réclamait des lois libérales, les meilleures des
républicaines, pour créer dans notre peuple les
mœurs politiques qui lui manquaient alors encore
plus qu'aujourd'hui et pour l'amener progressivement à ce degré de développement intellectuel et
moral qui seul fait les hommes libres, et sans
lequel un pays entiché de sa souveraineté nominale
peut bien prétendre se gouverner lui-même, mais

sera toujours gouverné par les autres. Tels les rois qui disent aussi « Nous voulons » et qui ne font jamais que ce que d'autres veulent.

Parce que ces pensées étaient désapprouvées, sinon explicitement en théorie, au moins implicitement et quant aux applications pratiques par ceux que le chef de l'Etat écoutait le plus volontiers, il quitta les fonctions du gouvernement, sans irritation ni dépit personnel, mais avec tristesse et inquiétude patriotique.

Son attitude en devint hésitante et embarrassée. Il ne pouvait pas soutenir des ministres qui lui paraissaient pousser dans une mauvaise voie le monarque et la monarchie qu'il aimait, et il ne pouvait pas les combattre, de peur d'augmenter le mal qu'il voyait dans la situation. Sans se rapprocher ni s'éloigner, il se tint à l'écart, plus spectateur qu'acteur, et n'agissant le plus souvent que pour faire des observations en secret ou donner des conseils que le voile de l'intimité dispensait d'en avoir d'autres.

Je n'ose pas dire que, si ces conseils eussent été suivis, la monarchie de Juillet se fût sauvée ; mais elle ne les suivit pas et elle se perdit.

Le roi parut comprendre qu'il avait eu tort quand, dans la nuit du 23 au 24 février, au moment le plus redoutable de la crise, il le nomma son ministre de l'intérieur. Pour lui aussi « il était trop tard » et la révolution l'emporta.

Ceux qui l'avaient annoncée ou pressentie n'en furent pas moins étonnés du motif qui l'amena, des circonstances qui l'accompagnèrent et surtout de la rapidité avec laquelle elle s'opéra. M. de Rémusat

fut du nombre, quoique suivant ses propres paroles,
mais appliquées à d'autres : « Cette facilité de
chute, signe de faiblesse, eût pu lui apparaître
comme la conséquence de l'imprévoyance et de
l'inhabileté de ceux qui, en 18 ans de durée, au
sein de la prospérité publique, s'étaient aliéné
l'opinion au point de n'y trouver aucun défenseur
dans une journée de crise. »

1848-1851.

Son affliction surpassa encore son étonnement.
Cette expulsion du roi de son choix, dans un accès
d'effervescence parisienne, où il ne voyait pour le
moment qu'une *échauffourée*, brisait trop la chaîne
de l'avenir tel qu'il l'avait voulu et espéré. Il trouvait trop de sujets de regrets dans ces débris de la
monarchie constitutionnelle jonchant le sol politique,
et le cœur et l'esprit lui pleuraient et lui saignaient
trop douloureusement à la vue de ces choses qui
étaient des ruines avant d'avoir eu le temps de devenir un édifice.

S'il n'avait pas manifesté de tels sentiments, je
l'estimerais moins. Vous me blâmeriez de ne pas lui
en faire honneur.

Cette affliction profonde s'augmentait en lui de
toute la peur qu'il ressentait de la République,
une seconde fois proclamée, sans qu'il pût avoir
confiance même en ceux qu'il reconnaissait pour
les meilleurs entre les républicains. Il ne doutait
pas de leurs bonnes intentions; mais il ne croyait
guère à la vérité de leurs idées et pas du tout à

leur puissance d'empêcher le mal et de faire le bien (1).

Aussi, lorsqu'aux élections pour l'Assemblée nationale constituante, le suffrage universel de tout le département lui continua le mandat qu'il avait reçu neuf fois du suffrage restreint d'un arrondissement, il n'accepta cette nomination qu'avec un mélange de sentiments divers se confondant en une grave mélancolie qu'il ne pouvait mieux exprimer qu'en citant quelques vers des poètes auxquels il était ramené par des souvenirs classiques. Il ne faudrait pas s'étonner de trouver parmi ses papiers se rapportant à cette époque une traduction de l'ode d'Horace au vaisseau de Rome (2).

A l'Assemblée constituante, il siégea naturellement sur les mêmes bancs que ses anciens collègues devenus ses confrères en regrets et en frayeurs. Avec eux, il fut membre de la réunion dite *de la rue de Poitiers*, qui exerça une si grande influence sur la destinée de notre pays. Je ne peux me permettre de juger dans ces affaires où je me souviens d'avoir été partie. Mais je dois dire que M. de Rémusat y eut une attitude digne d'être remarquée pour l'alliance de deux qualités qui paraissent inconciliables aux politiques de médiocre aloi : la fidélité et l'indépendance dans les relations avec son parti. Fidèle, il ne

(1) M. de Rémusat croyait la République dangereuse et impossible en France ; surtout et nécessairement parce que la majorité du peuple français en avait cette opinion (*Politique libérale*, p, 370.)

(2) « *O navis, referent in mare te novi fluctus, ô quid agis !* » M. de Rémusat aimait à placer ses idées sous l'invocation de quelques beaux vers ou de quelque noble sentence empruntée à l'antiquité. (*Debats*, 1875.)

déserta jamais le sien ; indépendant, il ne le suivit pas toujours. Bien différent de ceux qui se font un mérite de commettre toutes les sottises de leurs amis, il croyait en avoir un plus réel à les éviter.

J'en citerai ce seul exemple. Il s'agissait de l'élection du Président de le République. Entre les candidats, plusieurs de ses amis et parmi eux quelques-uns des plus illustres qui lui étaient aussi les plus chers, préféraient le prince Louis-Napoléon, dont ils croyaient n'avoir rien à craindre et dont ils espéraient même se faire un instrument pour la restauration qu'ils désiraient et méditaient. Lui, au contraire, vota pour le général Cavaignac ; soit que, par une plus fine perspicacité dans l'appréciation des personnes, il devinât que le Prince était moins à mépriser qu'à redouter ; soit que, par délicatesse de conscience, il refusât d'adhérer au principe que la fin justifie les moyens ; soit enfin qu'au bout de sept mois d'expérience plus instructifs que des années, il commençât de reconnaître qu'une République modérée, telle que la promettaient la loyauté et la fermeté de Cavaignac, était une nécessité du temps. Cependant je n'ose pas l'affirmer.

Le Prince-Président, qui n'ignorait rien de ce qu'il avait intérêt à savoir, ne lui en offrit pas moins d'être l'un de ses ministres. Cette offre habile se heurta contre un refus honnête.

A l'Assemblée législative, où les mêmes électeurs encore libres lui continuèrent leur mandat, il continua aussi son refus de concours au gouvernement qui se préparait à refaire l'histoire du commencement de ce siècle. Bien plus, il en devint un adversaire déclaré. Il ne s'épargnait pas de rappeler

que son père avait blâmé le retour de l'île d'Elbe et
la restauration de l'Empire, dont il disait lui-même
que « c'était le plus grand malheur qui nous fût
» arrivé, à nous aussi bien qu'à Napoléon Iᵉʳ ». Il
ajoutait ne savoir pas si un autre retour à l'Empire
serait un malheur pour celui qui s'appellerait alors
Napoléon III ; mais il prévoyait que c'en serait un
grand pour la France.

Ces paroles ou d'autres dans le même sens furent
connues du Prince-Président et de ses conseillers. On
se souvint de tout au 2 décembre 1851. Comme
l'oncle avait puni le père en l'exilant à l'intérieur,
le neveu punit le fils en l'exilant à l'étranger : même
délit contre le despotisme, même peine à la liberté!

C'est ainsi que la carrière publique ouverte à M. de
Rémusat, vingt ans avant, par la volonté libre de ses
concitoyens, lui fut fermée par l'acte arbitraire d'un
maître, pour ne se rouvrir qu'après une interrup-
tion de vingt autres années, quand celui qui l'avait
frappé fut frappé à son tour.

Une autre carrière lui restait ouverte : carrière
moins brillante aux yeux du plus grand nombre,
mais qu'une minorité d'élite estime souvent plus
haut, et qui, si je ne me trompe, lui était plus
chère. Indépendamment des faits, je pourrais en
attester ses propres paroles, si je ne craignais de
paraître les expliquer trop subtilement. « J'ai donné
» à la philosophie tout le temps que ne m'a pas pris
» la politique, » disait-il encore dans les dernières
années de sa vie. Or, on ne se donne qu'à ce qu'on
aime vraiment et le plus ; on se laisse quelquefois
prendre, non sans résistance, par ce qui plaît
moins.

Quoi qu'il en soit, revenant un instant en arrière, dans l'ordre du temps, nous retrouvons, dès le lycée, le jeune Rémusat instinctivement attiré vers la philosophie. Peu après son entrée dans le monde, où les accidents de sa vie privée mêlés à ceux de notre vie nationale lui offraient tant de sujets de réflexion, cet amour de sentiment devint un attachement de raison, que d'autres événements et d'autres réflexions fortifièrent continuellement de jour en jour. Quelques-uns des principaux motifs s'en trouvent dans un écrit qui porte bien son titre d'*Introduction* et qui recevrait encore mieux celui d'*Exhortation à la Philosophie*. Plus d'une fois, — permettez-moi ce souvenir, — je m'en suis servi dans cette intention auprès de ceux que j'avais mission de diriger, au moins par mes conseils; j'ai toujours eu à me féliciter du résultat. Ce petit livre approprié à notre époque a plus d'autorité relative, je suis loin de dire plus de valeur absolue, que certaines méditations très-célèbres. On devrait plaindre celui qui, après l'avoir lu, croirait avoir mal employé son temps.

Il me serait impossible de donner, même approximativement, le nombre des articles de philosophie qu'il écrivit pendant plusieurs années çà et là dans son journal le *Globe* et dans plusieurs *Revues*. Ils étaient remarqués autant que ceux qu'il écrivait aux mêmes époques sur la politique ; et plusieurs méritaient le compliment que Royer-Collard lui fit un jour par ce seul mot : « Je vous ai relu. »

La réputation qu'ils lui avaient acquise non-seulement, comme on le dit quelquefois, parmi les *amateurs*, mais encore parmi les vrais connaisseurs

et les maîtres était grande en 1842. Aussi plusieurs
pensèrent à le faire nommer membre de l'Académie
des sciences morales et politiques, en remplacement
de Jouffroy, que la mort enleva cette année. Quand
ses amis lui en parlèrent, il objecta qu'il ne s'en
croyait pas digne, n'ayant pas publié de livres.
Avec ses articles il lui était facile d'en composer
plusieurs. On lui en suggéra l'idée. En choisissant,
il fit immédiatement deux volumes qu'il publia sous
le titre d'*Essais de philosophie*. Il les présenta lui-
même en frappant aux portes de l'Académie, que
tout le monde s'empressa de lui ouvrir. Cette élection n'aurait point eu d'objection sans la sienne.

Ces deux volumes, quoique ainsi composés en
grande partie pendant la jeunesse de l'auteur, et
revus avec quelques additions dans un âge peu
avancé, le représentent pourtant tout entier, tel
philosophe qu'il commença d'être et qu'il resta jusqu'à la fin. Je dois au moins l'esquisser.

Son premier trait, — je vais peut-être surprendre,
— est celui d'un *adversaire déclaré du scepticisme*. Il
le combat dans ses principes théoriques et dans ses
conséquences pratiques : il en indique les causes
générales ; il insiste sur celles qui sont particulières
à notre époque, où il le voit sortir des ruines que
toutes nos révolutions ont entassées les unes sur les
autres, et au-dessus des bûchers où nous avons
brûlé successivement tout ce que nous avions adoré
tour à tour, s'élever comme « la plante aride qui
» croît sur les cendres qu'a laissées l'incendie ».
Il invite à former contre lui une ligue du véritable
salut public ; car c'est par lui, répète-t-il souvent,
que nous sommes menacés de périr.

Si je ne connaissais avec quelle facilité se font les réputations imméritées, surtout en mal, je m'étonnerais qu'au nom d'un tel philosophe on puisse jamais ajouter l'épithète de *sceptique*. Je voudrais que l'on condamnât les diffamateurs capables de cette méchanceté ou de cette légèreté à lire plusieurs fois l'*Essai sur le Scepticisme*. Leur peine serait le remords ou le regret.

Contre le scepticisme, il *dogmatise rationnellement* ou *en rationaliste*. Il accepte ce mot qu'il trouve bien fait, mais sans y attacher le sens d'hostilité particulièrement irreligieuse qu'on lui donne en parlant de ceux qui s'appelèrent autrefois les *esprits forts*, les *libertins*, et qui ont leurs successeurs dans certains *libres penseurs* de nos jours. Le rationalisme n'est pour lui que le libre exercice de la raison, se contentant d'être raisonnable, mais l'étant entièrement et considérant qu'au delà et au-dessus du monde fini et rationnel où elle vit et dont elle peut avoir la science, il y a le monde irrationnel et infini où elle aspire et dont elle ne peut que reconnaître l'existence et entrevoir quelques sublimités au moyen de la *lumière vraie qui éclaire tout homme venant en ce monde*.

Ceux dont les préventions sont persistantes les abjureraient vite s'ils voulaient lire seulement le chapitre de l'*Inconnu*, ou sur cet infini que nous voulons connaître, quoique connaissant qu'il n'est pas connaissable et qu'il sera toujours Inconnu : tas de mots qui expriment bien le tas de nos pensées luttant les unes contre les autres et par cette lutte révélant « un je ne sais quoi de contradictoire dans » la constitution même de l'homme, un contraste,

» un antagonisme qui produit les grandes souffrances
» et les grandes fautes de l'esprit ; double signe de
» notre force et de notre faiblesse, de notre gran-
» deur et de notre petitesse ». Ce sont les paroles
mêmes de l'auteur.

Au sein du rationalisme ainsi compris, il est émi-
nemment *spiritualiste*, de la grande école cartésienne,
dont l'influence n'a jamais cessé de se faire sentir,
même sur ses adversaires les plus décidés au dix-
huitième siècle, et qui venait de trouver son écla-
tante restauration au dix-neuvième par trois illustres
maîtres de l'Université (1). De leur disciple qu'il
était la veille, il devient ici leur collaborateur, j'al-
lais dire leur collègue : tant l'article de l'écrivain
semble parfois une leçon de professeur ! Il défend le
même dogmatisme philosophique, mais d'une manière différente : il emploie les mêmes démonstrations, mais il les renouvelle ; il en signale des erreurs
qu'il corrige, des inexactitudes qu'il relève, des
lacunes qu'il comble. Il cherche des démonstrations
nouvelles, et il ne les cherche pas toujours en vain.
Il indique quelquefois heureusement des moyens de
conciliation entre ce qui paraît inconciliable. C'est
là son genre d'originalité (2).

(1) Royer-Collard, Cousin, Jouffroy. Guizot, professeur d'histoire,
Villemain, professeur de littérature, s'associaient à leur œuvre. Laromiguière, réformateur de l'école de Condillac, marquant la transition
d'une époque à l'autre, était aussi un spiritualiste déclaré : il soutenait et prouvait que Condillac lui-même l'était. Son sensualisme n'avait
rien de commun avec le matérialisme.

(2) « La philosophie générale qui les a dictés tous (les *Essais*) ne
» prétend à aucune *originalité*. Tout au plus l'auteur voudrait-il avoir
» donné une forme un peu nouvelle, un peu saisissante à d'anciennes
» et communes vérités. » (Préface des *Essais*, p. *iij*.)

Je ne sais quel autre contemporain est plus ardent
à réfuter le matérialisme et le sensualisme , liés l'un
à l'autre et au scepticisme. Son zèle dans cette polé-
mique était d'autant plus vif que , malgré les discours des orateurs , les vers des poètes , les conver-
sations convenues et les apparences de décorum qui
s'accordaient à célébrer le retour des âmes aux bonnes
doctrines morales et religieuses , il ne voyait qu'in-
différence et incrédulité en toute matière doctrinale,
sensualisme individuel et matérialisme social. Je
ne veux pas chercher s'il voyait bien ; il voyait
ainsi.

Pour changer cet état des idées et des sentiments,
il croyait à la puissance de la philosophie spiritualiste. Il en concluait pour lui le devoir de la pro-
pager et de la populariser : en employant le mot
usité , il se proposait d'en être le *vulgarisateur.* Tou-
tefois il n'entendait par là ni le vulgaire, ni le
peuple proprement dit. Un peuple de philosophes
n'est que l'utopie de certains socialistes plus sots que
méchants ; le vulgaire est la contradiction du distingué ; la philosophie , suivant lui , ne convient qu'à
ceux qui se distinguent vraiment de la foule par la
culture intellectuelle , et qui constituent , même au
sein des sociétés les plus démocratiques , l'aristo-
cratie légitime de l'intelligence et de la science. C'est
pour eux qu'il déclarait écrire ses Essais, et parmi
eux seulement qu'il désirait vulgariser les principes
philosophiques du spiritualisme. Mais il espérait que
par eux aussi ces principes pénètreraient partout et
qu'unis au sentiment religieux , leur allié naturel,
ils pourraient modifier l'esprit général de la nation
et la diriger sûrement vers le brillant avenir qu'elle

rève, qu'elle ambitionne, qu'elle se croit à chaque
instant près de saisir et qui, dans ce moment même,
lui échappe et s'enfuit.

Telle fut, Messieurs, la pensée intime des *Essais*.
J'ai dû l'exposer avec détails, parce que l'auteur ne
lui fut jamais infidèle. Il la comparait au feu sacré
brûlant toujours sur l'autel de Vesta (1).

Les La Bruyère de l'avenir, s'il y en a, diront à
quel point les caractères et les mœurs du siècle sentirent ou ne sentirent pas l'action de ce livre.

L'Académie française en considéra surtout la valeur intrinsèque : idées élevées, sentiments nobles,
intentions droites exprimées en un langage vraiment
français, toujours clair, même dans les questions
obscures, pur et correct, souvent élégant et animé,
quelquefois éloquent. Elle en rapprocha le style de
celui de ses discours à la tribune marqués des mêmes
caractères. Lorsque la mort frappa Royer-Collard
(1846), elle crut ne pouvoir lui donner un plus
digne successeur que M. de Rémusat; un philosophe
politique après un autre, le disciple après le maître;
tous deux soutiens de la même cause, défenseurs de
la même doctrine, avec de grandes ressemblances,
au milieu de différences qui n'étaient pas toutes au
désavantage du plus jeune. Le public ratifia ce choix.

Le nouvel élu n'était pas d'ailleurs sans titres
purement littéraires (2). Et dans l'intervalle des

(1) « La vérité philosophique est le feu de Vesta qui ne cesse pas de
» brûler et de luire pendant que la foule s'empresse aux jeux corrup-
» teurs du cirque et du forum. (*Essais*, 2. p. 392, dernière de l'*Essai*
sur le Scepticisme.)

(2) Voir spécialement ses deux volumes de *Critiques* ou *Etudes littéraires*, 2e édition, du *Passé et Présent*.

quatre années écoulées depuis la publication des *Essais*, il s'était créé de nouveaux droits par divers écrits, surtout par un grand ouvrage d'histoire de la philosophie au moyen âge, *Abélard* (1).

Peut-être aussi que plusieurs académiciens savaient déjà ce qui devait être révélé plus tard à tous ; que le philosophe était quelque peu poète et auteur de plusieurs drames dignes d'applaudissements, sinon sur les théâtres publics, au moins sur ceux de société, et dans ces lectures de salon où les jugements ressemblent pourtant beaucoup à ceux des cours qui se montrent plus sévères que les jurys (2).

Devenu ainsi deux fois membre de l'Institut, il en aurait senti redoubler, si c'eût été possible, son ardeur pour l'étude ; il se contenta d'y persévérer. Et c'est dans cette disposition, au milieu des travaux qui en étaient la conséquence, que le coup d'État du 2 décembre le frappa.

1851-1870.

De cette époque, où il put donner à la philosophie tout son temps dont aucune partie ne lui était prise par la politique, datent ses nombreux ouvrages spécialement consacrés à l'histoire de la philosophie : remarquables tout à la fois par l'étendue de l'érudi-

(1) *Abélard*, 2 vol. in-8º, 1845. — Un volume sur la *Philosophie allemande*, qui était originairement un rapport sur un concours à l'Académie des sciences morales et politiques, même année.

(2) Parmi ses drames, tous inédits alors, on cite *Jean de Montciel ou le Fief*, composé en 1824, l'*Habitation de Saint-Domingue* ou l'*Insurrection*, vers 1825, la *Saint-Barthélemy*, en 1828. *Abélard* était aussi un drame en cinq actes composé en même temps que l'histoire en deux volumes : il a été récemment publié.

tion, la variété des connaissances, la finesse des aperçus et la sincérité de la critique. Je regrette de ne pouvoir pas en dire davantage (1).

En même temps, il suivait avec une attention anxieuse la marche de la politique impériale. Il aimait trop son pays pour s'en désintéresser. Et il lui portait un intérêt trop vif pour qu'il ne le manifestât pas de temps en temps au moins d'une manière indirecte, — la presse n'avait guère d'autre liberté alors, — par des articles dont la conclusion était toujours la même. La réunion en formerait plus d'un volume (2).

Le corps électoral qui subissait la pression de la candidature officielle cessant de lui témoigner ses vieilles sympathies très-vives, nos deux grandes corporations académiques toulousaines, celle des

(1) Les ouvrages sur l'*Histoire de la Philosophie* se rapportent au moyen âge et à l'Angleterre : sur le moyen âge, Anselme de Cantorbéry, né en 1033, mort en 1109, 2 vol.; Abélard, né en 1079, mor en 1142, 3 vol.; Thomas d'Aquin, né en 1227, mort en 1274, à l'occasion d'un concours à l'Académie des sciences morales et politiques. — Sur l'Angleterre, Bacon, né en 1561, mort en 1624, *sa vie, son temps et sa philosophie*, 1 vol ; Lord Herbert de Cherbury, né en 1581, mort en 1648, 1 vol. *Histoire de la philosophie en Angleterre depuis Bacon jusqu'à Locke*, né en 1632, mort en 1704.

Dans ses *Essais*, un est consacré à Reid, le chef de l'école dite écossaise, né en 1710, mort en 1796.

Sur la philosophie allemande, outre son livre, un de ses *Essais* est consacré à Kant, né en 1724, mort en 1804.

Sur la philosophie française, il n'a composé que des *Essais* sur Descartes, sur Destutt de Tracy, sur Broussais, et sur l'état de la philosophie au 19e siècle Cette nomenclature suffit pour faire connaître l'étendue de ses travanx.

Il faut y joindre des articles insérés dans sa *Philosophie religieuse* relatifs à Channing.

(2) Le volume intitulé *Politique libérale*, publié en 1875, n'est qu'une réunion de certains de ces articles revus et corrigés.

Sciences, Inscriptions et Belles-Lettres, et celle des Jeux Floraux, se firent successivement un devoir et un honneur d'y suppléer, en inscrivant son nom sur la liste de leurs élus. Vous vous souvenez quel jour de fête fut sa réception dans nos rangs. Elle rappelait celle de l'Académie française, avec le caractère d'expansion plus vive qui convenait à la situation et à nos sentiments. Il en fut profondément touché. Sa chère Toulouse, comme il l'appelait, lui en devint encore plus chère ; et Toulouse l'aima aussi davantage en entendant son remercîment où, suivant ses propres expressions retournées, tout esprit de parti mis à part, il se montrait si bien l'un des chefs du parti de l'esprit.

J'exagérerais trop si je disais qu'il en aima aussi davantage ses chères études. Il s'y livra pourtant avec une nouvelle activité dont les produits étonnaient ses amis encore plus que le public. Le voyant en même temps occupé d'autres affaires qui semblaient devoir l'absorber, ils se demandaient où et quand il travaillait. C'est d'ailleurs la question qu'ils se sont toujours faite sur lui.

Une réponse à laquelle ils ne paraissent pas avoir pensé, mais qu'ici nous ne pouvons pas oublier, se trouve dans le partage de sa vie, tel qu'il le fit régulièrement pendant quarante ans. Paris lui en prenait seulement une moitié ; il donnait l'autre à Toulouse, dans sa résidence de Lafitte. C'est là et dans ses longs mois de villégiature qu'il travaillait le plus et le mieux peut-être.

Entre ces deux parts de sa vie, la différence était grande ; mais elle ne les empêchait pas d'être intimement liées l'une à l'autre. De cette union venaient les effets, objets d'étonnement. A Paris, notre confrère lisait beaucoup de livres, il écoutait beaucoup de savants, il soutenait avec eux beaucoup de discussions; ici, à Lafitte, il résumait ses lectures, il s'écoutait lui-même; les discussions étant closes, il concluait et décidait. Pour redire à peu près la même chose en d'autres termes, à Paris, il regardait, il observait les faits, il les analysait : à Lafitte, il réfléchissait, il cherchait les lois, il faisait la synthèse de ses analyses. Si vous me permettez une comparaison qui ne peut être bien déplacée ici, semblable à l'abeille, à Paris, il voltigeait de fleur en fleur, récueillant le butin dont il composait son miel; à Lafitte, c'était là sa ruche. Sans comparaison, c'était le lieu et le temps où il se consacrait davantage aux méditations de la pensée qui se recueille et à la pratique de cette longue patience qu'on représente si bien comme la grande couveuse des meilleurs esprits et l'instrument des œuvres qui ne doivent pas mourir.

Cependant, même là, il ne s'appartenait pas exclusivement, et ses journées avaient d'autres occupations que l'étude : une partie en était employée à recevoir et écouter tous ceux qui voulaient demander à son expérience un renseignement, à sa sagesse un conseil, à son influence une recommandation, à son autorité un appui, ou un secours à sa bienfaisance. Rien n'était refusé. De tous côtés ses amis venaient en foule; et à peine partis ils étaient pressés de revenir : tant il y avait de noble aisance et de facilité distinguée dans l'hospitalité qu'ils étaient sûrs de trouver auprès de lui! et tant la maîtresse de la maison possédait l'art supérieur de

la rendre pleine de charmes et de séductions pour
ceux qui apprécient l'union des grâces féminines à
la force d'un caractère viril (1).

1870-1875.

Il vivait dans le calme et le repos de cette douce
habitation quand il apprit presque coup sur coup
que l'Empereur avait déclaré la guerre à la Prusse,
espérant la vaincre, et qu'il n'avait réussi qu'à
perdre l'Empire à Sedan.

En d'autres circonstances, il aurait pu se réjouir
de la chute d'un régime qui ne lui inspirait qu'an-
tipathie parce qu'il était d'autorité despotique au
fond, avec des formes de liberté démocratique et
plébiscitaire. Mais il ne sut alors que s'attrister des
malheurs de la patrie et s'effrayer des dangers exté-
rieurs et intérieurs qui la menaçaient. Je ne voudrais
pas faire un jeu de mots, mais je suis sûr de traduire sa pensée en disant que son âme connut la
désespérance, sinon le désespoir.

Ce sentiment le dominait quand on lui offrit, au
mois de février suivant, de le nommer encore une

(1) On s'est plu à rappeler que le bisaïeul de M. de Rémusat, celui
qui fut si longtemps le doyen du Parlement de Toulouse, Dominique
de Bastard, mort en 1777, passait toutes ses vacances dans cette
même terre de Lafitte. « Là, a-t-on dit, il se délassait de ses études
» habituelles par le culte des lettres et dans les douces réunions de la
» famille et de l'amitié; là il échangeait ses travaux journaliers contre
» l'exercice de cette justice populaire à laquelle nos anciens magistrats
» aimaient tant à consacrer leurs loisirs, et qui faisait bénir leurs
» noms comme juges autant que comme seigneurs fermiers. » (*Les
Parlements de France*, par de Bastard, t. II, p. 635). Son arrière-
petit-fils, à un siècle de distance, dans un temps bien différent, avait
quelques traits de cette antique figure dans le même lieu.

fois représentant du département à la nouvelle Assemblée nationale. C'est pourquoi il refusa.

Par le même sentiment, il refusa de représenter la France auprès de l'un de ces monarques qui n'avaient pas eu assez d'intelligence pour comprendre que l'intérêt même de leurs peuples devenait un devoir d'empêcher notre amoindrissement, ou qui avaient manqué d'une volonté en rapport avec leur intelligence (1).

Mais il ne put échapper que pendant quelques mois au pesant honneur de défendre la cause de la patrie dans des fonctions plus élevées et plus difficiles.

J'ai entendu raconter que, près d'un demi-siècle avant, M. Thiers, alors bien jeune, avait dit à M. de Rémusat, aussi jeune que lui, « qu'il ne ferait » jamais rien sans lui proposer d'en être. » Je crois qu'il ne manqua jamais à cette parole. Il la tint obstinément en ces jours où son œuvre à faire était le salut de la France que lui demandaient tous les partis, unanimes alors dans leur juste hommage à son grand esprit politique et à son cœur plus grand encore de patriote. Il proposa à M. de Rémusat d'être avec lui. Quand je dis qu'il lui proposa, je n'emploie pas le mot propre ; il faut dire qu'il lui imposa d'être son ministre des affaires étrangères. Je ne sais quels furent les témoins de leur entretien à ce sujet, ni même si personne y assista ; mais plusieurs en ont entendu les échos. A les en croire, M. Thiers, pour vaincre une résistance qui per-

(1) M. Thiers lui offrit inutilement, à Bordeaux, l'ambassade d'Autriche. Il résista à toutes les instances.

sistait, invoqua les droits de la patrie et ceux de
leur vieille amitié. La patrie avait besoin d'un
homme qui fût, sous tous les rapports, à la hauteur
des immenses difficultés de la situation, capable de
les comprendre et de les surmonter : lui, il avait
besoin d'un autre lui-même, qui eût son entière
confiance et qui lui donnât toute la sienne. Autre-
ment, il craignait son impuissance à lutter à la fois
contre la guerre civile de la Commune dont l'incendie,
à Paris, menaçait de s'étendre plus loin, et contre
l'ennemi toujours présent et de plus en plus avide
de dévorer la France dont la victoire lui avait fait
une proie. La résistance eût été la violation de deux
devoirs : M. de Rémusat céda.

Chose remarquable, Messieurs ! vingt ans avant,
il avait prévu une partie des événements qui venaient
de s'accomplir. Dans un rapport à l'Assemblée législative, il avait conseillé d'en empêcher les commen-
cements et le principe (1).

Cette faculté de prévoir l'avenir, qui n'est dans
notre esprit qu'une application du calcul des probabilités à la marche des affaires humaines, était une
de ses qualités. Il la devait surtout à ses études de

(1) Voir le rapport de M. de Rémusat à l'Assemblée législative, le
30 novembre 1850.

Amené à parler des affaires du Schleswig-Holstein et des craintes
que la rivalité de l'Autriche et de la Prusse faisait naître, il disait
que la France, en cas de guerre, ne devait aider ni désirer la victoire
d'aucun des deux belligérants ; car « la victoire de l'un ou de l'autre
» menacerait de soumettre l'Allemagne à la prépondérance absolue
» d'une seule puissance, et ce résultat serait aussi contraire à la
» justice qu'à l'intérêt européen... Cette guerre peut ébranler, jusque
» dans ses fondements, la société européenne. »

L'avenir, peut-être un avenir prochain, apprendra si cette pré-
diction, déjà réalisée en partie, doit avoir encore ses derniers effet.

philosophie et d'histoire et à son expérience de la grande vie politique pendant quarante ans (1). De toutes ces choses il tira d'abord l'avantage de comprendre l'extrême délicatesse de son rôle de représentant de la France auprès des puissances étrangères dans la situation que les événements nous avaient faite. Elles concouraient ensuite à lui faire connaître le but qu'il devait poursuivre et les moyens de l'atteindre.

Vaincue sous l'Empire et reconnue impuissante à se relever de ses défaites au nom de la République, la France ne pouvait que se montrer résignée. Mais cette résignation ne devait pas être celle du faible qui ne sent que son épuisement, ni du lâche qui ne rougit pas de se faire voir tel aux yeux du monde étonné : elle devait être celle d'un peuple qui garde la conscience de sa force et dont la sagesse impose des sacrifices à son courage.

(1) Par les unes et par l'autre, il avait cru reconnaître que les affaires humaines dépendent généralement de trois causes : la force des choses mêmes, le libre arbitre des personnes, et les coups de la fortune, qui prennent quelquefois les proportions de coups d'Etat de la Providence.

Chacune de ces causes appelait son attention.

Il avait des vues élevées sur la première dont les lois se rattachent au problème de la destinée humaine : il étudiait la seconde très-finement, démêlant avec sagacité le caractère de ceux qui étaient appelés à jouer un rôle dans le drame diplomatique : il calculait soigneusement les probabilités de la troisième et cherchait un en-cas pour chaque chance.

Il faut avoir été dans son intimité la plus profonde pour savoir quels jugements il portait sur les hommes influents du jour et sur ceux qui croyaient l'être, quelles probabilités il conjecturait et quels plans il formait pour n'être pris à l'improviste dans aucune situation. Ceux qui ont reçu ses confidences, et ils sont peu nombreux, ne peuvent pas les *révéler*.

Abandonnée de tous au milieu de ses désastres,
sans qu'aucune puissance lui eût seulement accordé
le secours d'une sympathie un peu vive, la France
ne devait pas paraître avoir été indifférente à cette
conduite, ni en être oublieuse. Et elle ne devait pas
non plus paraître en avoir gardé un vif ressen-
timent.

Constituée en République et sachant bien qu'en
cette forme politique elle inspirait des antipathies
naturelles aux monarchies d'Europe, la France ne
devait pas faire semblant de l'ignorer. Et pourtant
elle ne devait manifester aucun doute sur la possi-
bilité de contracter avec ces mêmes monarchies des
alliances sincères, dans leur intérêt commun bien
entendu.

Enfin, appauvrie et affaiblie par les ennemis du
dehors, agitée et troublée par les dissidents à l'intérieur, et comprenant qu'elle a besoin d'être tout
entière à ses propres affaires pour reprendre le cours
de ses progrès interrompus, la France devait pro-
clamer hautement sa répugnance à se mêler aux
complications qui pourraient naître des rivalités de
quelques nations, quelles qu'elles fussent. Et pour
tant elle ne devait pas donner lieu de croire qu'elle
entendait se tenir à l'écart du concert européen ni
s'en désintéresser.

En parlant ainsi, je parais peut-être exprimer mes
idées. En réalité, je dis quelle fut au ministère des
affaires étrangères l'attitude générale de notre confrère.

Son caractère semblait d'ailleurs spécialement
propre à ces situations délicates, où tout exige des
ménagements habiles et doit se terminer par des

transactions implicites ou explicites qui offrent
souvent de singuliers mélanges des contraires. Ses
formes aussi paraissaient adaptées à cette situation.
On les dessine assez bien en disant que c'était de la
dignité sans morgue, de l'orgueil sans vanité,
l'orgueil de la grande France sans la vanité du petit
Français, de la fermeté sans raideur, de la condes-
cendance sans faiblesse : même au besoin il savait
se baisser, sans être bas : privilége de ceux qui sont
vraiment grands.

Le ministère des affaires étrangères garde encore,
après un siècle, des souvenirs très-honorables de l'un
des ancêtres de M. de Rémusat ; ceux qu'il gardera
de lui-même ne seront certes pas un moindre honneur pour la famille. On a déjà très-bien dit « qu'à
» mesure que la lumière se fera sur l'histoire de
» ces dernières années, on connaîtra mieux la dette
» de la patrie française envers lui. »

Comment donc s'est-il fait qu'à Paris les électeurs
aient pu se réunir en majorité pour ne pas le nommer
représentant à l'Assemblée nationale et lui préférer
un candidat qu'ils ne connaissaient pas même de
nom quelques jours avant et qui ne se recommandait
guère que par ses affinités avec ceux qui voulaient
au moins l'indulgence pour les hommes de la Commune et qui forment aujourd'hui le parti des plus
obstinés intransigeants ?

Cet échec électoral l'affligea profondément, non
pas pour lui, mais pour l'honneur de Paris et celui
de la République sage, tempérée et libéralement
conservatrice qu'il représentait si bien. Il prévoyait
qu'on s'en ferait une arme contre elle.

Vous savez tous à quel point il prévoyait juste.

Quand M. Thiers, qui avait le droit de rester à la présidence de la République, crut devoir la céder au candidat d'une coalition anti-républicaine, M. de Rémusat quitta aussi le ministère, sans peine encore pour lui-même, mais non sans inquiétude pour le pays livré au gouvernement des trois frères ennemis. Son projet était de s'en tenir éloigné et de se donner désormais tout entier à ses études, qu'il se proposait de résumer dans ces suprêmes méditations qui conviennent si bien aux jours où une vie finit et doit commencer une autre.

Mais cela ne lui fut pas permis. La mort ayant fait un vide dans la députation de la Haute-Garonne, les électeurs pensèrent immédiatement à lui pour le nommer encore une fois leur représentant. Ils voulaient faire une double protestation contre la majorité des électeurs à Paris et contre la majorité des députés à Versailles, et venger ainsi leur illustre et bien-aimé concitoyen des deux injustices dont ils le croyaient frappé. Son élection avec ce caractère obtint plus qu'un succès : elle fut un triomphe.

Ainsi rentré dans la carrière parlementaire, il ne put, à raison des circonstances, que s'associer à des votes d'opposition inutile, donner des conseils peu écoutés, jamais suivis, et solliciter des actes de justice qu'on promettait plus souvent qu'on ne les accordait. Il en sentit d'autant plus vivement le besoin de résumer pour lui-même d'abord et ensuite pour le public, s'il en avait le temps, ses croyances politiques, et d'en apprécier la valeur concurremment avec celle de ses actions.

Le mot final de ce qu'on peut nommer son dernier examen de conscience paraît être dans le passage

d'une de ses lettres où il disait : « Maintenant qu'il
» ne me reste que la vieillesse et la retraite, je ne
» regrette rien de ce que j'ai pensé. Il n'en est pas
» de même de mes actions. »

Je n'ai point à chercher quelles sont ces actions
qu'il regrettait. Quant aux pensées politiques dont
il ne regrettait rien, il disait dans cette même lettre
qu'elles étaient toutes comprises dans la pensée
générale, principe de la « cause à laquelle il avait
» tout rattaché, tout subordonné, ses idées, ses
» intérêts, ses passions, » ce qui avait fait l'unité
de sa vie dans la diversité de ses situations. Cette
cause était celle de la politique libérale, telle qu'il
l'explique dans le livre portant ce titre, dont il publiait une nouvelle édition l'année même de sa mort.

Du haut de ce libéralisme il voyait avec indiffé-
rence le personnel des gouvernants : la question de
la forme du gouvernement ne lui paraissait que
secondaire ; il n'attachait d'importance qu'au fond
qu'il jugeait seul essentiel ; « la liberté politique
» solidement établie sur un régime représentatif
» vrai. » Pourvu qu'on le lui donnât, il était
satisfait. A ses yeux la Révolution de 1789, légitime
autant que nécessaire, n'avait pas eu d'autre but.
C'est pourquoi il n'avait pas demandé autre chose
à la Restauration ; il n'avait pas conseillé autre chose
à la monarchie de Juillet ; il n'aurait même pas sous
cette condition refusé d'adhérer à l'Empire. Le
dernier chapitre de son livre a pour épigraphe :
« Qu'oses-tu demander, Cimber ? — La liberté. » Et
il ajoutait immédiatement que cette réponse à la
question posée était écrite à toutes les pages de ce
livre.

Longtemps il avait espéré que la monarchie constitutionnelle donnerait à la France cette liberté, objet unique de ses vœux; il avait même cru qu'elle seule pouvait la donner. Mais après la chute successive et réitérée de tant de monarques de plusieurs familles, il avait douté de la puissance actuelle de l'institution, jugeant non-seulement inutile mais dangereux et désastreux de recommencer l'épreuve dans la situation de la France et de l'Europe; suivant le mot de M. Thiers, et avec lui il s'était décidé à traverser l'Atlantique, n'ayant pu obtenir qu'on passât la Manche. Nul n'était plus sincèrement converti que lui à notre troisième République, mais à la condition du même libéralisme, présentant, suivant une de ses expressions, l'alliance de la Justice et de la Raison.

Parce qu'il ne voyait pas d'autre planche de salut pour notre pays, il éprouvait des sentiments très-vifs de mécontentement et même d'irritation contre ceux qui, avec des pensées différentes, forment le parti dit de la *réaction*, et il les manifestait dans toutes les occasions. La dernière mérite d'être signalée.

Il assistait, suivant son habitude, à la séance hebdomadaire de l'Académie française, où, suivant l'habitude aussi, l'on s'occupa du dictionnaire. L'ordre du jour amenait la discussion sur le mot *réaction*. M. de Rémusat prit la parole à plusieurs reprises et la garda longtemps à chaque fois, étudiant le mot dans son étymologie, dans son histoire, dans ses divers sens, physique, moral, politique; politique surtout et spécialement dans la langue d'aujourd'hui. Sa discussion était vive, animée, passionnée même et éloquente. On le remarqua. Il ne cessa pas, même après la séance. Il continua d'en parler avec quelques-uns de ses confrères jusqu'au milieu d'un couloir, où soudain, dans la chaleur de la discussion, il se sentit pris de froid. Il rentra chez lui tout frissonnant. Il se remit pourtant assez vite, et croyant que ce ne serait rien, il alla passer la soirée dehors. Mais là encore le froid le reprit. Rentré chez lui, il se mit au lit d'où il ne se releva plus, martyr indirect de son opinion.

Au bout de quelques jours — car le mal fit de rapides progrès — quand il connut sa fin prochaine, il désigna le prêtre de sa paroisse à qui il voulait confesser l'état de son âme. Nul ne peut savoir ce qui se passa entre eux, et moins encore ce qui se passa, dans un secret plus grand , entre son esprit de mourant et l'idée de Dieu qui dut lui apparaître.

Loin de moi la pensée de déchirer ce voile. Je sais trop combien il est téméraire de vouloir pénétrer dans le sanctuaire de la conscience religieuse. On est si exposé à la voir telle qu'on la voudrait et telle qu'on désire la donner en exemple dans l'intérêt de ce qu'on croit la vérité !

Mais je peux dire que pour tous ceux qui ont connu notre confrère, pour quiconque a lu ses pages de philosophie spiritualiste , entendu ses discours et vu ses actes, c'était un ferme croyant à l'éternité de Dieu , personne infinie, distincte de l'univers qu'elle anime ; à l'immortalité de notre âme, qui doit sentir dans une autre vie les conséquences de sa conduite en celle-ci ; et à la perpétuité de la grande métaphysique des dogmes catholiques qui obtiennent l'assentiment de la raison pour tout ce qui en est compréhensible et l'arrêtent aux portes de la foi qui peut seule affirmer ce qui ne se comprend pas. Alla-t-il au-delà ? Qui sait ?

On m'a dit qu'au moment où la vie luttait encore chez lui contre la mort, pendant qu'une femme pieuse lisait à son chevet les prières et les exhortations que l'Eglise a formulées pour les agonisants, soudain il fit un mouvement et un effort pour parler; et d'une voix défaillante, lui dit : « Non, » non, pas cela; pas comme cela — elle lisait en » français — lisez-moi cela en latin: ça me rap- » pellera mon enfance; et je m'en trouverai bien. »

Ainsi le vieillard au bord de sa tombe aurait aimé à revenir aux impressions les plus voisines de son berceau. Tel un fleuve qui près de porter à la mer ses grandes eaux, accrues, mais troublées de tout ce qu'il a recucilli dans son cours, regretterait l'onde faible mais pure de sa source, et voudrait y remonter.

Quelques instants après, il rendit le dernier soupir, laissant dans le cercle de sa famille et de ses amitiés un vide que rien ne pourra combler; donnant à ceux qui l'ont connu le droit ou plutôt imposant le devoir de dire qu'en lui la France a perdu l'un de ses meilleurs citoyens, l'Institut l'un de ses membres les plus distingués en philosophie et en littérature, nos deux Académies un confrère qui leur rendait bien l'honneur qu'elles lui avaient fait, et la ville de Toulouse un homme qu'elle est heureuse et fière de réclamer pour un des siens, digne de l'hommage qu'elle lui a déjà rendu en donnant son nom à l'une de nos rues, et digne de l'hommage plus grand que notre imagi-

nation reconnaissante lui rend dès à présent en
plaçant son buste dans la salle des Illustres, à côté
de l'un de ses aïeux qui l'attend.

Et vous, Monsieur (1), dont le père fut aussi mon
collègue de cher souvenir à l'Assemblée nationale
de 1848, et qui devenez notre confrère d'heureux
pressentiments dans l'Académie qui vous reçoit
aujourd'hui, quel beau privilége est le vôtre de
recueillir l'héritage de deux Charles bien aimés :
Charles d'Aragon, dans votre famille naturelle, par
les lois du sang, et Charles de Remusat dans notre
famille littéraire, par la loi d'adoption !

J'entends votre pensée répondre que plus les héri-
tages sont riches, plus ils ont de legs onéreux, et...
mais je refuse de vous écouter, et je veux être
tout au plaisir qu'éprouve la génération qui s'en va,
quand elle voit venir ceux qui lui apportent de
douces espérances pour calmer d'amers regrets. —
Soyez notre bien venu.

(1) M. d'Aragon, nommé Mainteneur en remplacement de M. de
Rémusat.

NOTES ADDITIONNELLES.

NOTE A.

M. de Bastard, d'abord conseiller, puis premier président du parlement de Toulouse de 1759 à 1762, avait une
fille qui épousa M. de Vergennes, neveu du ministre de
Louis XVI. De leur mariage naquit une fille, Mlle de
Vergennes qui épousa M. de Rémusat, le père de celui
dont nous faisons l'éloge.

Ainsi, Charles de Rémusat appartenait, par sa mère,
aux deux familles de Vergennes et de Bastard : il était
arrière-petit-neveu du ministre de Louis XVI, et arrière-
petit-fils du président au Parlement de Toulouse.

D'un dénombrement fait à Toulouse le 27 septembre 1776,
il résulte que

« Messire Dominique de Bastard, conseiller-doyen du
» Parlement de Toulouse, père de François de Bastard, le
» premier président, se déclarait seul seigneur, justicier
» haut, moyen et bas, foncier et directe dans toute
» l'étendue et juridiction du lieu de Laffitte Bigourdane,
» size et située dans le diocèse de Rieux, sénéchaussée de
» Toulouse, mouvant en plein fief, foy et hommage du
» Roy et qui a pour confronts..., qu'il jouissait et possédait
» noblement dans ladite terre son château seigneurial avec
» tours, girouettes, prison, écuries, basse-cour et autres
» édifices entourés de fossés, pâtus et jardin, etc. »

Le château de Laffitte passa ensuite dans les mains de
M. de Rémusat, le préfet, et dans celles de son fils
Charles de Rémusat. Il appartient maintenant à M. Paul
de Rémusat.

NOTE B.

De Sainte-Beuve, dans l'article qu'il a consacré à Mme de Rémusat, inséré dans ses portraits de femme, parle ainsi de sa mère, la comtesse de Vergennes, née de Bastard :

« C'était une femme de mérite, d'un esprit original, gai,
» piquant et très-sensé. Fortement marquée de l'expérience
» de son siècle, elle paraît avoir été douée de cette supé-
» riorité de caractère et de vue qui, saisissant la vie telle
» qu'elle est, la domine et sait la refaire aux autres telle
» qu'elle devrait être. Mme de Vergennes éleva gravement
» et même sévèrement ses deux filles en idée des conditions
» nouvelles qu'elle prévoyait dans la société... La révolution
» la trouva très-méfiante : elle eût été d'avis de quitter la
» France avant les extrémités funestes ; mais son mari n'y
» ayant pas consenti, elle ne s'occupa plus que d'y tenir
» bon, de faire face aux malheurs, et, au lendemain des
» désastres, de sauver l'avenir de sa jeune famille. »

L'aînée de ses filles épousa M. de Rémusat ; la plus jeune le lieutenant-général comte de Nansouty.

NOTE C.

Simon de Bastard, frère cadet de Dominique de Bastard, avocat au Parlement, cessa de plaider vers l'année 1733, à la suite d'une altercation un peu vive qu'il avait eue à l'audience avec le premier président de Maniban. Vers 1737, il fut nommé à la chaire de Droit français, vacante à l'Université de Toulouse, par la mort de Louis Astruc qui l'occupait depuis la mort de François de Boutaric. Il était recteur notamment dans les années 1765 et 1766, où il signa le diplôme de bachelier en droit et présida la thèse de licence d'un jeune étudiant de sa famille. Il mourut en 1776, âgé d'environ 90 ans. Dans les dernières années de sa vie, il fallait le porter à l'Université dans sa chaise. (*Les Parlements de France*, t. 1, p. 523-36.)

NOTE D.

François de Bastard, alors conseiller d'Etat et chancelier
du comte d'Artois, après avoir été premier président du
Parlement de Toulouse, fit voyage en cette ville au mois
de janvier 1778, environ deux mois après la mort de son
père, Dominique de Bastard (le 11 novembre 1777). Il était
accompagné de ce fils unique Philibert-François, à peine
âgé de 16 ans. Il voulait qu'il suivît les cours de droit et
prît ses grades à l'Université de Toulouse plutôt qu'à Paris.
Dès que cette détermination fut connue, la Faculté de
Droit fut convoquée, et, par une délibération prise à l'una-
nimité des professeurs, le 3 février même année, il fut
arrêté que la gratuité complète des grades serait accordée
au jeune étudiant. (Voir le texte de la délibération dans
les Parlements de France, t. 2, p. 598.)

NOTE E.

La première institution authentique des Jeux Floraux re-
monte, comme on sait, à l'année 1323-24. Tombée en décadence, elle fut restaurée une première fois, à la fin du quinzième siècle, vers l'an 1496, par dame Clémence Isaure, suivant
la tradition. Une décadence nouvelle la menaçait, quand
Louis XIV la restaura une seconde fois en l'érigeant en
Académie, par édit de 1694. Un siècle après, Louis XV la
sauva des débats entre les Capitouls et les Mainteneurs qui
l'ébranlaient, et lui donna une troisième restauration par
l'édit d'août 1773. Dominique de Bastard, doyen du Parlement, trisaïeul de Charles de Rémusat, fit le rapport à la
suite duquel le Parlement ordonna l'enregistrement de
l'édit du Roi par arrêt du 6 février 1774.

NOTE F.

L'Académie proposa trois années de suite l'*Eloge de
Pascal*. Pour exciter les concurrents, elle doubla le prix

qui fut décerné, en 1816, à M. Raymond, officier de l'Université. Un second prix fut accordé à M. Belinde (Recueil de l'Académie, 1816).

Chenedollé, l'auteur du *Génie de l'Homme* et de diverses poésies, obtint le prix de l'ode, en 1816, pour une pièce intitulée *Le Dante*. Il obtint encore le prix, l'année suivante, pour l'ode intitulée *le Génie de Buffon* (*id*. 1816, 1817).

Guiraud (Alexandre), né à Limoux, auteur de plusieurs tragédies, dont quelques-unes eurent beaucoup de succès, de diverses poésies, de romans et d'un ouvrage sur la *Philosophie catholique de l'histoire*, concourut en 1816 pour le prix de l'élégie par une pièce intitulée *Marie Stuart*. Il n'eut qu'une mention. Il fut plus heureux dans les deux années suivantes où il obtint deux prix, savoir : une violette réservée pour une ode à *Mon jeune ami*, et le prix du genre pour une élégie intitulée l'*Exilée de Harwek* (*Id*. 1818).

M. Hugo (Victor-Marie), a concouru plusieurs fois dans ces années ; et tantôt il a remporté le prix, tantôt il n'a eu que des mentions. Il a obtenu un lis d'or extraordinaire pour une ode sur le *Rétablissement de la Statue d'Henri IV* ; une amarante réservée pour une ode *sur les Vierges de Verdun* ; une autre amarante réservée pour l'ode *Moïse sur le Nil*. Il n'a eu que des mentions pour un poëme, *les derniers Bardes* ; pour une héroïde, le *Jeune Banni*, *Raymond à Emma* ; pour une idylle, *les Deux Ages* (voir les Recueils de l'Académie. 1818, 1819, 1820). Il fut nommé, en l'année 1820, maître ès-jeux floraux, en vertu des règlements de l'Académie pour « avoir remporté trois prix de » poésie autres que lis et dont un au moins doit être le » prix de l'ode. » Une ode de lui en cette qualité fut lue dans la séance publique du 3 mai 1821. Le titre en était *Quiberon* (*Id*. 1821).

Hugo (Eugène) obtint un souci réservé pour une ode sur la *Mort du duc d'Enghien* et une mention pour une autre ode sur la *Mort de S. A. S. Henri-Joseph de Bourbon*, *prince de Condé* (Voir le Recueil de l'Académie, 1818-19).

Soumet (Alexandre), né à Castelnaudary, qui était alors maître ès-jeux floraux en vertu du règlement de l'Académie

qui vient d'être cité, lut, en 1816, une ode intitulée *Milton*
(Recueil de l'Académie, 1816).

De Rességuier Jules), né à Toulouse, en 1788, auteur de
trois volumes de poésies, dont deux ont été imprimés de
son vivant, intitulés *Tableaux poétiques* et *Prismes poétiques*. Le troisième, imprimé après sa mort, est intitulé
Dernières poésies. Plusieurs pièces sont dédiées à Lamartine,
Victor Hugo, Emile Deschamps, Soumet, Charles Nodier.
Il composa aussi un roman intitulé *Almaria*. Il fut reçu
mainteneur le 23 août 1816 (*Id.* 1817). Il mourut en 1862.
Son éloge fut prononcé dans la séance du 24 avril 1864 ; le
même jour eut lieu la réception de son successeur, le R. P.
Caussette *Id.* 1864).

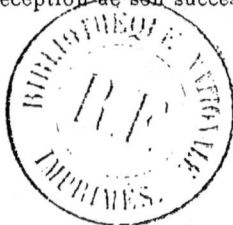

Toulouse, imprimerie Douladoure, rue Saint-Rome, 39.